COMO O CESPE ERRA

DIREITO TRIBUTÁRIO

MATEUS MAELLARD

COMO O CESPE ERRA

DIREITO TRIBUTÁRIO

compilação de justificativas de alteração
e de anulação de gabaritos

TESTE-A-PROVA

Livro 17

ARMADA PRESS

IMPRESSÃO

NO = Nota do Organizador

ÍNDICE

INTRODUÇÃO

Este livro apresenta uma compilação de justificativas de alteração e de anulação de gabaritos de provas de concursos públicos organizados pelo Centro de Seleção e Promoção de Eventos (Cespe).

A organizadora pertence a Universidade de Brasília (UnB) e sua trajetória começou já na década de 70, época da criação da Comissão Permanente de Concurso Vestibular (Copeve) que, em 1971, com o início do regime semestral na universidade, realizou o primeiro vestibular.

Depois, em 1993, o centro foi reformulado com vistas a atender a exigência de concursos públicos no serviço público. A Constituição Federal de 1988 implicou na promulgação, em 1990, da Lei nº 8.112, tratando do regime jurídico dos servidores públicos federais e tornando obrigatória a realização de concursos para o ingresso no serviço público.

O Cespe tornou-se o maior realizador de concursos e avaliações públicas do país, atendendo a Tribunais Federais, Ministérios do Poder Executivo, Tribunais de Contas da União e Estaduais, para citar apenas alguns da extensa lista de instituições e órgãos que confia ao Centro a realização de suas provas. Os números são impressionantes. Em 2010, o Centro aplicou seleções e avaliações para mais de 5 milhões de candidatos, repassando milhões de reais a universidade.

1

Como o Cespe erra

O primeiro impulso ao começar a trabalhar nessa compilação foi dar-lhe o nome de "Quando o Cespe erra", porque o Cespe erra e quando o faz há implicações muitos candidatos. Mas ainda, quando o Cespe erra, uma certa satisfação nos alcança. Pois, o centro está a nos testar a cada concurso e saber que também comete enganos nos conforta.

Em sua maioria as provas do Cespe tem uma estrutura odiosa: a questão se baseia em um texto ou em um pequeno cabeçalho o qual é seguido por uma assertiva que o candidato deve julgar como sendo CERTO ou ERRADO, correndo o risco de ser penalizado com a anulação de um ponto ganho com um julgamento correto cada vez que fizer um julgamento errado. Uma resposta errada anula uma resposta certa, para ficar mais claro. Ora, isso afasta as pessoas do Cespe, tornando-o detestável. Saber que o centro também erra é reconfortante e tem certo ar de revanche.

Porém, há outro aspecto em "Quando o Cespe erra" que parece mais relevante para o candidato. Trata-se das alterações de posições na lista de aprovados, implicando aprovação, classificação e eliminação de um concurso. Então, quando o Cespe erra há decepção para aqueles que se julgavam aprovados, mas perderam pontos com as alterações, e regozijo para aqueles que se viam reprovados, mas ganharam pontos com as alterações.

Assim, principalmente depois de trabalhar com essas centenas de questões anuladas ou de gabarito alterado, acredito ser muito importante que os candidatos monitorem as diferenças entre o gabarito preliminar e o gabarito definitivo. Afirmo isso porque parece haver uma certa inconstância nas decisões de anulação e de alteração. Por vezes, o Cespe parece mais implacável na anulação. Em outras vezes, nem tanto. Há ao menos uma das provas utilizadas para montagem do livro no qual essa tolerância se verifica. Trata-se de uma prova de múltipla escolha para a qual o Cespe tolerou até três alternativas corretas, o que normalmente o levaria a anular a questão.

Em última análise, nada disso é relevante para quem ainda vai fazer a prova, para quem esta se preparando para um concurso público. Nesse caso, vale saber como os erros acontecem. Por esse motivo, escolhi o título "Como o Cespe erra". Sim, pois o Cespe erra, como já disse acima. Erra muito e isso pode ser usado em favor do candidato, colocando-o no caminho da aprovação. Sabendo como o Cespe erra, o candidato poderá identificar as questões com maior probabilidade de alteração de gabarito ou de anulação. Assim poderá poupar tempo precioso de prova.

Em concursos públicos, a administração do tempo durante a prova representa um fator decisivo para a aprovação. Saber onde gastar mais tempo, saber identificar palavras, frases e parágrafos irrelevantes ajuda e ajuda muito.

Bom, para aproveitar essa oportunidade de administrar melhor o tempo de prova é preciso saber como o Cespe erra. Os tipos de erros encontrados são variados. Há casos de matéria não prevista no edital; erros de digitação; palavras e nomes escritos com erro de digitação, uso indevido de estrangeirismos ou de palavras em outros idiomas; pontos ainda não pacificados no meio acadêmico e erros simples como a troca de gabaritos.

Por exemplo, se o candidato deparar-se com a seguinte questão:

Julgue o item a seguir:

Há pelo menos dez alcaloides no tabacco, e o principal deles é a nicotina.

Que tal? Esse item está CORRETO ou ERRADO?

O item está CORRETO. O teor de nicotina nas folhas de tabaco varia de 2 a 8%, dependendo do método de cultura, do clima, do solo e do processo usado para curar as folhas.

Porém, a palavra "tabaco" foi grafada "tabacco" e esse erro é suficiente para a anulação da questão, justificada, normalmente, pelo fato de que o engano na grafia da palavra tabaco teria confundido os candidatos.

Desse modo, o candidato que estiver estudando por esse livro imediatamente identificará o erro e nem um segundo perderá com essa questão, obtendo uma preciosa vantagem frente aos demais, ganhando tempo adicional para a pensar nas demais questões, para realizar cálculos ou para elaborar a parte dissertativa da prova.

Depois, conhecendo as modalidades de alteração de gabarito ou de anulação da questão, o candidato disporá de um conjunto acessório de questões anuladas para utilizar em seus recursos na fase entre os gabaritos preliminar e definitivo. Conhecendo as questões anuladas anteriormente em outras provas, o candidato poderá utiliza-las como exemplo para apoiar seu ponto de vista.

Os números são também impressionantes quando se discute os erros do Cespe. Na seleção de 2014 para Consultor Legislativo da Câmara dos Deputados foram anuladas ou alteradas 33 das 220 questões, representando 15% da prova. Em uma conta por cima, se fosse aplicada a penalidade temida por todos, o Cespe teria feito apenas 70% dos pontos possíveis. Na prova de 2010, para o Ministério Público do Espirito Santo foram 8 erros em 80 questões, 10% da prova. Ainda em 2010, no concurso para o Ministério Público de Rondônia, houve 6 alterações ou anulações em 100 questões, ou 6% da prova. Essa lista não exaustiva traz também a prova para o Tribunal de Justiça da Paraíba, ainda em 2010, com 15 itens alterados ou anulados em uma prova de 100 itens.

Entretanto, antes aviltar o centro, há que se concordar que criar questões de concursos não é uma tarefa fácil. Algumas leis mudam, outras nunca mudam, a ciência avança, o conhecimento também, as leis naturais se mantém. Precisam ser capazes de medir o conhecimento dos candidatos, tendo um grau de dificuldade apropriado para os cargos a que eles estão concorrendo. Quem elabora as questões deve se certificar de que as condições de contorno estão devidamente definidas, de que as informações relevantes estão sendo informadas e de que haja uma única resposta certa, mas, por vezes, escapa um detalhe que derruba a estrutura originalmente pensada para a questão. Difícil inovar constantemente. Sim, as questões tem que ser inéditas, pois, do contrário, a reutilização de questões de um concurso anteriormente realizado sujeita a seleção ao cancelamento completo da prova, exigindo novas provas, com outras questões nunca antes exigidas em provas de concursos públicos. A isso vem se juntar o fato de que as questões são elaboradas por poucos profissionais, conhecedores de suas áreas de atuação, sempre em sintonia com a matéria sendo cobrada na prova. Talvez sejam revisadas por outros profissionais, mas sempre haverá o interesse em minimizar o número de pessoas que conhece de antemão os tópicos e os detalhes das provas. Pois bem, essas poucas pessoas podem deixar passar detalhes, não perceber certas nuances e mesmo acreditar estar passando uma mensagem clara no comando e no item da questão.

Contudo, ao submeter a questão à avaliação de milhares de candidatos, a maioria deles muito bem preparada e conhecedora das disciplinas, é possível que interpretações distintas surjam e, principalmente, que algumas dessas interpretações se contraponham ao sentido originalmente proposto na elaboração da questão. Portanto, os erros do Cespe resultam do processo de criação e aplicação das provas e o deferimento de recursos por parte do centro, no volume que se observa representa um ponto forte, uma manifestação de maturidade, de maestria do processo de elaboração e aplicação de provas em uma seleção pública.

A quantidade de questões inéditas que o Cespe tem que criar é igualmente impressionante. Em 2010, foram aplicadas provas para uma 100 cargos distintos no Instituto Nacional do Câncer, a maior parte deles na área de saúde, notadamente em Oncologia. Eram vagas para médicos, enfermeiros, biólogos, farmacêuticos, administradores e técnicos hospitalares. As provas aplicadas continham 100 questões, o que a, grosso modo, revela que o Cespe criou cerca de 10 mil questões. Pode-se argumentar que as provas de conhecimentos básicos são idênticas para vários cargos. Ou que ao menos algumas questões possam ser reaproveitadas, podendo as questões ser aplicadas para grupos de formação afim ou até mesmo para a totalidade dos cargos, porém, é preciso reconhecer o esforço em criar uma grande quantidade de questões e de organiza-las de modo a garantir que a seleção estivesse adequada para o nível de conhecimento desejado.

No ano seguinte, outro concurso, desta vez para a Empresa Brasileira de Comunicação, selecionou profissionais para 47 cargos, além de um cargo de gestor e de três variações do cargo de jornalista, em provas com um total de 120 questões, representando mais de 6 mil questões.

Tudo isso considerado, este livro traz uma proposição de estudos para quem estiver se preparando para concursos públicos, consistindo em resolver a questão, mesmo sabendo que o resultado apresentado como gabarito preliminar será alterado ou a questão será anulada.

O candidato deve procurar resolver a questão, julgar a assertiva ou escolher a alternativa, conforme o tipo de questão. O candidato deve se posicionar firmemente, marcar a sua resposta e comparar os resultados.

Quando for informado de que o gabarito preliminar é irrecuperável, isso significa que não foi possível encontrar o gabarito preliminar, isto é, que as respostas disponíveis para aquela prova em particular, apenas informam sua posição definitiva.

Por vezes, a anulação será derivada da extrapolação do edital. O candidato não deverá deixar passar a oportunidade de explorar a questão e sua resposta preliminar. Uma questão cujo conteúdo extrapola determinado edital pode não extrapolar o conteúdo do edital de sua seleção.

Assim, o candidato deve tentar resolver, certificar-se de que o resultado está correto, consultando seus livros, apostilas e anotações da disciplina.

Quando a anulação se der por haver divergência entre estudiosos e acadêmicos acerca de determinado ponto, o candidato não deve perder a oportunidade de pesquisar e tentar acessar, ao menos, os principais pontos de vista divergentes, lembrando-se de que a questão pode ser sanada, por vezes, com uma vírgula, um porém ou qualquer outro detalhe que a desloque do ponto onde há divergência para a uma região segura dentro da área de conhecimento e, consequentemente, que essa questão, livre de problemas, poderá surgir em sua prova.

Enfim, há inúmeras oportunidades incrementais que podem ser ativadas com o estudo baseado nesse livro, o qual faz parte de uma série focada especialmente em questões de concursos públicos.

A série elege o estudo das provas como o método mais eficaz de fixação e aprendizado e denomina-se Teste-A-Prova, uma brincadeira com sua mensagem principal: teste a prova, porque a prova aprova. A ideia por traz dessa mensagem é de que o candidato deve estudar as questões, fazer provas passadas e testar constantemente seus conhecimentos, medindo seu progresso.

Estudos mostram que fazer um teste não representa um mecanismo passivo para avaliar o quanto as pessoas sabem, mas sim, uma ajuda efetiva no processo de aprendizado. Fazer testes funciona melhor do que outras técnicas como leitura repetida de determinado material ou leitura com marcação e resumo de pontos principais.

Segundo esses estudos, estudantes que leem uma passagem e, em seguida, fazem um teste sobre a passagem, retém cerca de 50% a mais da informação uma semana depois, em comparação com alunos que escolheram ler repetidamente a passagem ou preparar resumos e diagramas com o conteúdo da passagem. É nisso que se baseia a série Teste-A-Prova.

Em resumo, conhecer como o Cespe erra irá complementar

o esforço realizado em na preparação para as provas, fornecer subsídios e informação adicional para quando for o caso de entrar com recursos para a revisão de gabaritos preliminares, reforçar seu entendimento da disciplina, além, de preparar o candidato para questões aperfeiçoadas pelo processo: erro, alteração ou anulação, aperfeiçoamento e repetição das questões.

Boa sorte e boas provas!

JUSTIFICATIVAS DE ALTERAÇÃO OU DE ANULAÇÃO DE GABARITOS

1. (Defensor Público, DPE/BA, 2010) Com relação aos títulos de crédito, julgue o item abaixo.

. A nota promissória, promessa de pagamento, está sujeita às mesmas normas aplicáveis à letra de câmbio, quanto à constituição e exigibilidade do crédito tributário, desde que observadas as especificidades da nota promissória.

Gabarito Preliminar: certo

Gabarito Definitivo: anulada

Deferido com anulação: O trecho "quanto à constituição e exigibilidade do crédito tributário" pode ter confundido os candidatos, motivo pelo qual se opta pela anulação do item.

2. (Analista, INCA, 2010) Com relação à retenção de impostos federais previstos na legislação tributária, julgue o item a seguir.

. Pessoas jurídicas com isenção por não incidência ou por alíquota zero, que não discriminarem sua situação no documento fiscal e não fizerem o correto enquadramento legal, estarão sujeitas à retenção do imposto de renda e das contribuições.

Gabarito Preliminar: errado

Gabarito Definitivo: certo

Deferido com alteração: De fato, as pessoas jurídicas com isenção por não incidência ou por alíquota zero, que não discriminarem sua situação no documento fiscal e não fizerem o correto enquadramento legal, estarão sujeitas à retenção do imposto de renda e das contribuições, conforme Instrução Normativa nº 480, de 2004. Portanto, o item deve ser alterado de ERRADO para CERTO.

3. (Promotor, MPE/SE, 2010) Relativamente à não incidência tributária, segundo a CF, assinale a opção correta.

a) Há expressa definição de imunidade dos templos de qualquer culto, quanto aos impostos sobre o patrimônio, a renda e os serviços.

b) A imunidade recíproca, ou seja, entre os entes federados, não está limitada a certos tipos de impostos.

c) A autarquia federal que preste serviços de educação está imune ao imposto sobre serviços.

d) As editoras que têm como única atividade a produção de livros e jornais estão imunes ao imposto incidente sobre a renda.

e) Sobre transferência de imóvel do setor privado para a União, destinado à reforma agrária, incide o ITBI, o que não ocorre quando a União transfere o imóvel para os beneficiários da reforma agrária.

Gabarito Preliminar: irrecuperável

Gabarito Definitivo: anulada

Deferido com anulação: De fato, há, no § 4º do art. 150 da CF, expressa definição dos impostos não incidentes sobre os templos, ainda que não haja essa expressão no texto do inciso VI, alínea b do mesmo artigo 150. A questão, então, comporta duas respostas, motivo pelo qual se opta pela sua anulação.

4. (Juiz Substituto, TJ/PB, 2010) No que concerne à vigência, aplicação e eficácia das leis tributárias, assinale a opção correta.

a) A legislação tributária aplica-se imediatamente aos fatos geradores pendentes e futuros.

b) É vedada a instituição pela União de tributo que não seja uniforme em todo o território nacional, ou que importe em preferência em favor de determinado estado ou município, ainda que tenha por finalidade promover o desenvolvimento de determinadas regiões.

c) De acordo com a sistemática do direito Tributário, a lei vigente é necessariamente eficaz, não tendo aplicabilidade, em matéria tributária, a regra geral da vacatio legis.

d) Entram em vigor na data de sua publicação as decisões de órgãos singulares ou coletivos de jurisdição administrativa a que a lei atribua eficácia normativa.

e) Por motivos de ordem pública, as isenções podem ser revogadas a qualquer tempo, ainda que tenham sido concedidas por prazo certo e em razão de determinadas condições.

Gabarito Preliminar: b

Gabarito Definitivo: anulada

Deferido com anulação: Há duas opções corretas, a opção b que diz respeito ao princípio da uniformidade tributária, previsto no artigo 10 do CTN e 151, I da CF/88 e a opção a, de acordo com o artigo 105 do CTN. Pelas razões expostas, opta-se pela anulação da questão.

5. (Advogado, Correios, 2011) Acerca das normas gerais de direito tributário e da obrigação tributária, julgue o item que se segue.

. A base de cálculo é elemento ad substantia do tributo. Assim, a instituição deste, em obediência ao princípio da legalidade, depende de lei no seu sentido estrito. Ademais, equipara-se à majoração do tributo modificação de sua base de cálculo que o torne mais oneroso.

Gabarito Preliminar: certo

Gabarito Definitivo: anulada

Deferido com anulação: Há relevante divergência doutrinária a respeito do tema tratado no item, razão pela qual opta-se por sua anulação.

6. (Juiz Substituto, TRF/3ª Região, 2011) Determinado cidadão comprometeu-se a assinar em 2012, como comprador, escritura de compra e venda de imóvel, submetendo-se à condição de que, se o Brasil ganhar a Copa do Mundo de 2014, as partes desfarão o negócio em julho de 2015. O mesmo comprador firmou, também, como vendedor, contrato de promessa de compra e venda, com outra pessoa, por meio do qual se comprometeu a vender o mesmo imóvel se o Brasil não ganhar a Copa. No segundo contrato, o comprador pagará o preço total em dezembro de 2016, e o vendedor firmará, no mesmo momento, a escritura de transferência da propriedade do bem. Nessa situação hipotética, seguida rigorosamente a cronologia acertada, o fato gerador do imposto sobre a transmissão onerosa sobre o primeiro contrato ocorrerá em:

a) 2015, obrigatoriamente.

b) 2014, obrigatoriamente.

c) 2012, obrigatoriamente.

d) 2015, se o Brasil não ganhar a Copa.

e) 2014, se o Brasil não ganhar a Copa.

Gabarito Preliminar: c

Gabarito Definitivo: anulada

Deferido com anulação: A opção apontada como correta no gabarito preliminar não reflete a posição doutrinária dominante e diverge da jurisprudência pacificada do Superior

Tribunal de Justiça. Como ensina Andrea Veloso Correia (Curso de Direito Tributário Brasileiro, vol. 2, Editora Quartier Latin, 2ª ed., p. 218-219), o momento da ocorrência do fato gerador tem se revelado contraditório na doutrina. Discute-se se o fato gerador ocorre com o registro do título translatício da propriedade, como ensina Ayres F. Barreto ("Curso de Direito Tributário", Editora Saraiva, pg. 747), ou com o negócio jurídico hábil a promover tal transferência, como considera a assertiva. Parcela da doutrina considera como aspecto temporal do fato gerador o momento da celebração do negócio jurídico, que é o fato econômico (Mizabel Derzi, Aliomar Baleeiro, Ricardo Lobo Torres, Hugo de Brito Machado, Sampaio Dória e Odmir Fernandes), utilizando como argumento que o vocábulo transmissão empregado na CF/88 não tem o mesmo conteúdo do empregado no Código Civil, além de que o tributo não pode ficar vinculado à vontade das partes de efetuarem o registro. Contudo, a Jurisprudência do STJ (Resp 771781/SP, DJ 29/09/07; AgRg nos Edcl no Ag 717187/DF, DJ 23/03/06) se firmou no sentido de que o fato gerador ocorre com o registro do título, pois, ao utilizar o termo transmissão, a Constituição indica que o fato — sobre o qual os Municípios terão aptidão para instituir imposto é o fato da transferência, da translação do direito de propriedade do imóvel, sendo que, segundo o Código Civil, a transferência da propriedade só ocorre com o registro (art. 1245 do CC). In casu, o enunciado não informa a data do registro da escritura de compra e venda, e a resposta reputada correta pelo gabarito reflete entendimento divergente da posição jurisprudencial hodierna, o que torna imperiosa a anulação da questão, em observância ao disposto no Item 7.4 do Edital e ao art. 33 da Resolução CNJ n.º 75/2009. Ante o exposto, opta-se pela anulação da questão.

8. (Juiz Federal, TRF/3ª Região, 2011) Caso tenha sido regularmente aberto procedimento administrativo tributário contra contribuinte, a autoridade tributária pode requerer informações sobre os bens, negócios e atividades desse contribuinte a:

a) cartórios, mas não a bancos.

b) cartórios, mas não a empresas de administração de bens.

c) bancos, mas não a cartórios.

d) bancos, mas não a empresas de administração de bens.

e) bancos e cartórios.

Gabarito Preliminar: e

Gabarito Definitivo: a

Deferido com alteração: Segundo a recente jurisprudência do STF (RE 389808, Dje 09-05-11), o sigilo bancário não está disponível à fazenda pública, salvo por decisão judicial. Destarte, apenas a assertiva A está correta, que prevê o acesso direto pela Receita Federal a informações de cartórios, mas não de instituições bancárias. Ante o exposto, opta-se pela alteração de gabarito, de e para a.

9. (Especialista, ANAC, 2012) Acerca de obrigação tributária, direito tributário e crédito tributário, julgue o item:

. A moratória, hipótese de exclusão de crédito tributário, ocorre somente por lei objetiva a dilatação do prazo para o pagamento do tributo.

Gabarito Preliminar: errado

Gabarito Definitivo: anulada

Deferido com anulação: A redação do item não permitiu seu julgamento objetivo, razão suficiente para a anulação.

10. (Tecnologista, MCTI, 2012) Com base na Lei nº 11.196/2005, julgue o item que se segue.

. Pessoa jurídica beneficiária do Regime Especial de Tributação para a Plataforma de Exportação de Serviços de Tecnologia da Informação (REPES) para incorporação ao seu ativo imobilizado que importe bens novos destinados ao desenvolvimento de serviços de software fica isenta da contribuição para o PIS/PASEP e da COFINS incidentes sobre a receita bruta advinda da venda desses bens no mercado interno.

Gabarito Preliminar: certo

Gabarito Definitivo: errado

Deferido com alteração: Ao contrário do afirmado na redação do item, o benefício ao qual faz jus a pessoa jurídica em questão, não é o de isenção, mas o de suspensão. Dessa forma, opta-se pela alteração do gabarito.

11. (Especialista, ANATEL, 2014) Acerca da legislação tributária, sua vigência e aplicação, julgue o item a seguir.

. Suponha que determinada taxa seja instituída por lei no início do segundo semestre do ano sem data específica de sua vigência. Nesse caso, a vigência da referida lei se dará apenas a partir do primeiro dia do exercício seguinte ao de sua publicação.

Gabarito Preliminar: certo

Gabarito Definitivo: errado

Deferido com alteração: A afirmação feita no item está errada, pois a data de vigência, no caso específico tratado no item, ocorre ainda no exercício. Dessa forma, dado o princípio da anterioridade, somente a aplicação da norma que instituiu o tributo deve ocorrer no próximo exercício. Por esse motivo, opta-se pela alteração do gabarito do item.

12. (Especialista, ANATEL, 2014) No que concerne à sujeição tributária ativa e passiva e a solidariedade e domicílio Tributários, julgue o próximo item.

. Suponha que uma lei municipal de natureza tributária permita que nos contratos de aluguel seja transferida ao inquilino a obrigação de pagar o IPTU. Nessa situação, a responsabilidade pelo referido pagamento será do inquilino, nos termos daquele município.

Gabarito Preliminar: certo

Gabarito Definitivo: errado

Deferido com alteração: Na hipótese prevista no item, não haveria a obrigação de transferência da responsabilidade tributária, mas apenas a possibilidade dessa transferência. Por esse motivo, opta-se pela alteração do gabarito do item.

13. (Especialista, ANATEL, 2014) No que se refere à exclusão do crédito tributário e ao processo administrativo fiscal (Decreto n.º 70.235/1972), julgue o próximo item.

. Considere que determinada pessoa jurídica instale parque fabril incentivada por estímulo tributário ofertado pela União na modalidade de isenção de imposto sobre propriedade industrial por dez anos. Nesse caso, conforme entendimento do STF, a referida pessoa jurídica tem direito de gozar do benefício até o final do período concedido, ainda que a União queira suprimir a isenção por ato normativo próprio.

Gabarito Preliminar: certo

Gabarito Definitivo: anulada

Deferido com anulação:

A redação do item prejudicou seu julgamento objetivo. Por esse motivo, opta-se por sua anulação.

14. (Especialista, ANATEL, 2014) A respeito das contribuições e taxas referentes à prestação de serviços de telefonia, julgue o item a seguir, à luz da legislação de regência, da doutrina e da jurisprudência acerca da matéria.

. O inadimplemento do pagamento das taxas de funcionamento e de instalação tem efeito tributário - incidência de juros de mora de 1% por mês de atraso - e administrativo - caducidade da concessão, permissão ou autorização.

Gabarito Preliminar: certo

Gabarito Definitivo: errado

Deferido com alteração: O item abordou um efeito administrativo/tributário para o inadimplemento da taxa de fiscalização de instalação não previsto no art. 8º, § 2º, da Lei nº 5.070/1966. De acordo com o princípio da legalidade, que deve nortear a conduta de todos os agentes públicos e que acarreta a interpretação restritiva das normas sancionatórias, a afirmação feita deve ser considerada errada. Por esse motivo, opta-se pela alteração do gabarito do item.

15. (Especialista, ANATEL, 2014) No tocante ao FUST, julgue o seguinte item:

. O dispositivo legal segundo o qual as contribuições ao FUST são devidas trinta dias após a regulamentação da lei não fere o princípio da anterioridade nonagesimal ou mitigada, previsto no texto constitucional, desde que transcorridos noventa dias da data da publicação da lei e não ocorra no mesmo exercício financeiro.

Gabarito Preliminar: certo

Gabarito Definitivo: errado

Deferido com alteração: Para a observância do princípio da noventena, basta o interstício de 90 dias entre a publicação e a eficácia do ato. Por esse motivo, opta-se pela alteração do gabarito do item.

16. (Analista, ANTAQ, 2014) Em relação ao crédito tributário e o respectivo procedimento de cobrança, julgue o próximo item.

. O crédito tributário é excluído pela isenção, que, salvo disposição de lei em contrário, não é extensiva às taxas e tampouco poderá ser revogada em prejuízo do contribuinte beneficiário se for concedida sob condição.

Gabarito Preliminar: certo

Gabarito Definitivo: errado

Deferido com alteração: Diferentemente do afirmado no item, o Código Tributário Nacional expressamente estipulou, em seu art. 178, que as isenções concedidas por tempo certo e sob determinadas condições não podem ser revogadas. Desta forma, a omissão do enunciado em indicar o requisito legal de determinação da vigência da norma de isenção, torna o item errado. Por esse motivo, opta-se pela alteração do gabarito do item.

17. (Consultor, Câmara dos Deputados, 2014) Acerca das sujeições ativa e passiva e da responsabilidade tributária, julgue o item a seguir.

. No caso de sucessão empresarial, a responsabilidade é legal, enquanto a responsabilidade por sucessão imobiliária é considerada como sucessão real - obrigação *propter rem* -, pois a obrigação tributária (quanto ao IPTU e ao ITR) acompanha o imóvel em todas as suas mutações subjetivas (sucessão), ainda que se refira a fatos imponíveis anteriormente à alteração de responsabilidade tributária por sucessão.

Gabarito Preliminar: certo

Gabarito Definitivo: errado

Deferido com alteração: Diferentemente do afirmado no item, não se pode afirmar que em todas as sucessões imobiliária ocorrem a transferência da obrigação tributária. Por esse motivo, opta-se pela alteração de seu gabarito.

18. (Procurador, PGE/PI, 2014) Em relação à jurisprudência do STF acerca das limitações constitucionais ao poder de tributar, assinale a opção correta.

a) A imunidade recíproca decorre da igualdade existente entre os entes da Federação, de modo que a nenhum deles é autorizado o exercício do poder de tributar sobre o patrimônio, renda ou serviços dos outros, incluídas as entidades integrantes tanto da administração direta quanto da indireta.

b) O princípio da anterioridade decorre do ideal de o Estado não surpreender o contribuinte no exercício do poder estatal de tributar, sendo, todavia, admissível sua mitigação por meio de deliberação do poder constituinte derivado, não se inserindo no rol de cláusulas pétreas previstas na CF.

c) A instituição de alíquotas progressivas para a contribuição previdenciária dos servidores públicos não ofende o princípio da vedação à utilização de qualquer tributo com efeito de confisco, nos termos da CF, uma vez que atende ao postulado da capacidade contributiva.

d) A lei delegada, por ser regra excepcional ao princípio da separação de poderes, deve restringir-se às matérias não submetidas, em razão de sua própria natureza, ao postulado constitucional da reserva absoluta de lei em sentido formal, tais como a outorga de isenções, concessão de crédito presumido ou a redução da base de cálculo de tributos.

e) O princípio da progressividade é um corolário da igualdade material, o que justifica a diferenciação de alíquotas para fins de aferição da capacidade contributiva apenas para os impostos pessoais, sendo viável, nessa hipótese, a aferição das características subjetivas do contribuinte.

Gabarito Preliminar: d

Gabarito Definitivo: anulada

Deferido com anulação: A utilização do termo "tais como" na opção apontada como gabarito prejudicou o julgamento da questão, motivo pelo qual se opta pela sua anulação.

19. (Procurador, PGE/PI, 2014) Com referência às hipóteses de não incidência e às hipóteses exonerativas do ICMS, ITCMD e IPVA, assinale a opção correta.

a) Com o diferimento do ICMS, ocorre a imputação de responsabilidade pessoal e solidária ao contribuinte que originariamente deveria recolher o crédito tributário devido.

b) São objeto de imunidade com relação ao IPVA os veículos do corpo diplomático acreditado junto ao governo brasileiro.

c) Em relação ao IPVA, há isenção da propriedade de tratores, o que configura uma dispensa legal ao pagamento do imposto.

d) Desde que o beneficiário não seja proprietário de outro imóvel e que não receba mais que um imóvel por ocasião da transmissão, a transmissão de imóvel rural cuja área não ultrapasse o módulo rural da região será isenta de ITCMD.

e) O ICMS incide na saída de mercadoria com destino a depósito fechado do próprio contribuinte, ainda que todo o percurso se dê no interior do mesmo estado da Federação.

Gabarito Preliminar: c

Gabarito Definitivo: anulada

Deferido com anulação Além da opção dada como gabarito, a opção que trata da isenção do ITCMD na transmissão de imóvel rural também está correta. Por esse motivo, opta-se pela anulação da questão.

20. (Juiz Substituto, TJDFT, 2014) Por meio de lei ordinária do DF, permitiu-se que os contribuintes locais abatessem de seus débitos de ISS, IPVA e IPTU doações efetuadas a atletas ou pessoas jurídicas com finalidades desportivas, limitadas a 3% do valor do tributo. Em relação a essa situação hipotética, assinale a opção correta.

a) A concessão do benefício fiscal em apreço constitui vinculação de receita de imposto, ainda que anterior à arrecadação, sendo constitucional a sua instituição.

b) O benefício fiscal em questão é inválido, pois, de acordo com o art. 217 da CF, é dever do Estado fomentar o desporto, mas a tributação não pode orientar-se por tais diretrizes extrafiscais.

c) O DF tem competência cumulativa, abrangendo tributos de ordem heterogênea, como o ISS e o IPVA, de competência estadual, e o IPTU, de competência municipal, o que assinala a licitude do benefício em questão.

d) O art. 167, IV, da CF veda a vinculação de receita de impostos a órgão, fundo ou despesa, sendo, no entanto, mera norma de direito financeiro sem qualquer repercussão no direito tributário, em relação aos requisitos para a concessão de benefícios fiscais.

e) A extrafiscalidade constitui característica primeira das contribuições, não se compatibilizando com impostos, por isso é inválido o benefício fiscal em questão.

Gabarito Preliminar: a

Gabarito Definitivo: anulada

Deferido com anulação: A opção apontada como gabarito preliminar contraria o artigo 167, IV, da CF e a jurisprudência pátria, notadamente a do Supremo Tribunal Federal, segundo a qual é vedada a vinculação de receita de imposto a determinada despesa. Sendo assim, por não haver alternativa correta, opta-se pela anulação da questão.

REFERÊNCIAS SELECIONADAS

1. Cespe: a história da maior central de concursos do Brasil, UNB, 16/02/2011.

2. To Really Learn, Quit Studying and Take a Test. Pam Belluck. New York Times. January 20, 2011

3. Documentos pertencentes aos Concursos Públicos (2010): ABIN, AGU Administrativo e Procurador, CEF NM e NS, CNPq, DETRAN/ES, DPE/BA, DPU, FUB, INCA, INEP Revalidação, INMETRO, INSS Médico, IPAJM, IRBr Diplomacia, MMA, MPE/ES, MPE/RO, MPE/SE, MPS, PGM/RR, TCE/BA, TCU; TJ/PB Juiz Substituto e Juiz Leigo.

4. Documentos pertencentes aos Concursos Públicos (2011): AL/CE, AL/ES, Correios Agente, NM e NS, DPE/MA, EBC, IRBr Diplomacia, MEC, MPE/PI, PM/CE; PC/CE Inspetor; Residência Médica Unificada, Residência Multiprofissional, SEBRAE, SEDUC/AM, SEGER/ES, SESA/ES 2011, SESA/ES Médico, SES/DF Multidisciplinar, TJ/AC Juiz, TC/DF 2011, TCU 2011, TRF 3ª Região; TRF 5.ª Região Juiz.

5. Documentos pertencentes aos Concursos Públicos (2012): ANAC, ANCINE, Banco da Amazônia, Câmara dos Deputados, CAPES, CNJ, DPE/AC, DPE/ES Defensor,

DPE/RO, DPE/RR, DPE/SE Defensor, DPE/TO Defensor, DPF Agente, DPRF, IBAMA, INPI, MCTI, MP, MPE/RR, SEGER/ES, TCDF Procurador, TJ/AC, TJ/AL, TJ/RO, TJ/RR, TRE/RJ, TRT 10ª Região, STJ.

6. Documentos pertencentes aos Concursos Públicos (2013): CPRM, FUNASA, IBAMA, MC, MI, MJ, MPU, MTE SESA/ES, SES/DF Multiprofissional, TCE/ES, Telebrás, TRT 8ª Região, UNIPAMPA.

7. Documentos pertencentes aos Concursos Públicos (2014): ANATEL, ANTAQ, CEF NM e NS, Câmara dos Deputados, DPE/PE, DPF Agente, ICMBio, INPI, PGE/PI, TJDFT Juiz, TJ/SE Notário e Servidor.

LEIA, COMENTE, AVALIE E INDIQUE

1. Questões Comentadas de Finanças.

2. Questões Comentadas de Ética na Administração Pública.

3. Questões Comentadas de Auditoria.

4. Como o Cespe erra: Português.

5. Como o Cespe erra: Direito Constitucional.

6. Como o Cespe erra: Direito Administrativo.

7. Como o Cespe erra: Economia.

8. Como o Cespe erra: AFO.

9. Como o Cespe erra: Gestão Ambiental.

10. Como o Cespe erra: Direito Penal.

11. Como o Cespe erra: Administração.

12. Como o Cespe erra: Direito Civil.

13. Como o Cespe erra: Licitações e Contratos.

14. Como o Cespe erra: Direito Processual Civil.

15. Como o Cespe erra: Gestão de Pessoas.

16. Como o Cespe erra: Informática.

NOTAS

POD Armada Press
2015

www.ingramcontent.com/pod-product-compliance
Lightning Source LLC
Chambersburg PA
CBHW080621180526
45168CB00007B/3000

* 9 7 8 1 5 1 1 6 1 7 5 5 0 *